어린이 제자훈련 ● (고학년용) 2

예닮학교

우리가 예닮학교를 하는 이유

●●● 마태복음 28:18~20에서 명령하신 예수님의 말씀에서 그 근거를 찾을 수 있습니다. 온 우주의 모든 권세를 가지신 예수님께서 우리에게 무작정 전도하라고 말씀하시지 않고 제자를 만들라고 하신 것입니다. 그것은 이 세상에 하나님의 나라를 세우기 위해 하나님의 일을 맡을 사람을 찾는 것을 의미합니다.

그러나 예수님은 수많은 사람들을 찾는 것이 아니라 소수의 사람을 찾고 계셨습니다. 이사야 60장 22절의 "작은 자가 천을 이루고 약한 자가 강국을 이룰 것이다"라는 말씀을 예수님께서 확신하고 계셨던 것이죠. 영원히 변함없는 진리이신 말씀으로 굳게 세워진 제자가 이 세상을 하나님의 나라로 변화시킬 수 있습니다.

그러므로 우리 친구들이 예수님의 제자로 거듭나는 예닮학교에서 말씀을 배우는 것은 너무나 중요한 일이랍니다. 바로 여러분이 하나님의 위대한 일을 위해

부름을 받은 몇 안 되는 사람들 중에 한 사람이며, 여러분의 손에 하나님의 나라의 건설이라는 큰일이 맡겨져 있기 때문이죠.

여러분이 비록 작고 어리고 또한 약하지만 결코 실망하지 마세요. "내가 그걸 어떻게 해?", "나보다 공부 잘하고, 더 잘난 친구들 앞에서 내가 어떻게….." 이런 마음을 절대 가지지 마세요. 하나님께서 분명히 말씀하셨잖아요. 여러분같이 약하고 겸손한 사람들을 통해서 잘나고 강하고 똑똑한 사람들을 부끄럽게 만드시고 아름다운 하나님의 나라를 튼튼하게 세우실 줄로 믿습니다.

목차

여는 글 ★ 6
예닮학교를 시작하기에 앞서 ★ 8

● 제 1 과 ●
예닮학교 시작하기 ★ 13

● 제 2 과 ●
예수님이 만난 사람들 ★ 25

● 제 3 과 ●
예수님은 누구세요? ★ 41

● 제 4 과 ●
매일 하나님을 만나러 가요!(말씀생활) ★ 57

● 제 5 과 ●
교회에 간다구? 난 예배 드리러 가! ★ 73

● 제 6 과 ●
어떻게 해야 제자로 사는 걸까? ★ 89

● 제 7 과 ●
나의 꿈? 하나님의 꿈! ★ 105

●●● 많은 친구들이 교회에 다니면서도 왜 교회에 다녀야 하는지, 교회에 다니면 뭐가 어떻게 되는 건지 제대로 알지도 못한 채 다니는 경우가 많습니다. 어떤 친구들은 예배가 뭔지도 모른 채 재미가 있으면 잘 듣고, 재미 없으면 장난치는 시간으로만 생각하는 친구들도 있고, 또 어떤 친구는 귀찮지만 부모님께 야단맞지 않으려고 교회에 나오는 친구들도 있죠. 학교에서 식사기도마저 부끄러워서 하지 못하는 친구들도 있구요. 성경책을 들고 다니는 것을 세상에서 가장 힘든 일로 여기는 친구들도 있죠. 여러분은 어떤가요?

하지만 교회에 다닌다는 것은 정말 놀랍고도 놀라운 일입니다. 예수님을 믿는다는 것은 정말 기적과도 같은 일입니다. 또한 이 세상을 이기고도 남는 능력입니다. 이 세상이 주는 기쁨과는 비교할 수 없는 월등한 기쁨이요, 행복이자 축복입니다. 그런데 왜 우리는 이런 것들을 전혀 깨닫지 못하고 아무런 의미 없이 시간을 보내고 지내는지 정말 알 수 없습니다. 그것은 아마 우리가 믿는다는 것이 어떤 것인지 제대로 모르기 때문이 아닐까요?

이러한 고민들을 우리 함께 머리를 맞대고서, 그리고 우리의 믿음을 성경 앞에, 하나님 앞에 드러내 놓고서 자신을 들여다 보면서 그 해답을 찾아 보기를 원합니다. 예수님의 열두 제자들처럼 우리도 그렇게 살 순 없을까? 바울 아저씨처럼 놀라운 능력으로 하나님께 쓰임 받을 순 없을까? 우리가 살아가는 이 땅을 밝게 비추는 빛과 소금으로 살 순 없을까? 예닮학교를 통해서 이와 같은 희망을 노래하게 되길 바랍니다.

이제 우리는 그 깨달음을 위한 첫 걸음마를 시작합니다. 앞으로 바뀔 자신의 모습을 기대해 보세요. 예수님과 더 깊은 교제를 나누고 있는 자신을 생각해 보세요. 저절로 웃음이 나오지 않나요? 자, 이제 출발합니다!

임웅경

예닮학교를 시작하기에 앞서

1 예닮학교는 단순한 성경공부가 아닙니다. 배우고 보고 들은 것을 생활 속에서 실천하고자 노력해야만 하는 제자훈련입니다. 자기 자신을 돌아보면서 어떻게 하면 하나님의 말씀이 가르치시는 대로 그렇게 살 수 있을까 고민하면서 자신의 몸을 적용하는 여러분이 되시기 바랍니다.

2 예닮학교는 선생님이 가르쳐주는 것으로 다 되지 않습니다. 예닮학교는 여러분이 일주일 동안 준비해야 합니다. 성경 공부와 실천하는 행동, 말을 통해 변화된 모습을 만들어가며 진행되는 제자훈련입니다. 그렇기 때문에 꼭 예습과 복습, 생활과제 실천하기를 우선순위에 두고 습관화 하기 바랍니다. 그래서 매일매일 자발적으로 큐티를 해야 합니다.

3 예닮학교에서는 지각과 결석을 용납하지 않습니다. 특별히 예수님의 제자가 되기로 결심한 만큼, 여러분의 소중한 시간과 마음, 몸, 모든 것을 하나님께 헌신한다는 결심도 같이 해야 한답니다. 매주 토요일 오후 2시 50분

까지 예배실에 모여서 일주일을 정리하는 마음으로 먼저 기도하고 오늘 배울 말씀을 읽으며 조용히 기다리는 여러분이 되시기 바랍니다.

4 제자훈련은 부모님이나 선생님께 보여주기 위한 훈련이 아닙니다. 오직 하나님 앞에서 자신의 모습을 바라보고, 하나님의 생각에 자신의 행동을 맞춰가는 훈련입니다. 하고 싶은 대로 행동했던 지난 날을 회개하며 하나님을 생각하고, 나보다 이웃과 친구들을 먼저 생각하는 자세로 훈련에 임하시기 바랍니다.

5 제자훈련에 참여하는 어린이들은 영적으로 항상 깨어 있어야 합니다. 영적으로 어두운 사람은 하나님보다 사람들에게 바라는 것이 많고 점점 하나님은 잊어버리게 됩니다. 처음부터 하나님과 대화하는 것이 익숙한 사람은 없어요. 매일매일 하나님과 대화하기 위해 노력하는 친구들이 되길 바랍니다. 우리가 훈련하고 연습하면 할수록 하나님과의 영적인 교제를 더 풍성히 나눌 수 있게 된답니다. 그래서 매 훈련 시간마다 자신의 기도제목들을 준비해서 조의 다른 친구들과 나누고, 기도한 후에 훈련에 들어갈 것입니다. 잊지 마세요!

6 "기도로 여는 하나님 나라" 하는 방법?

기도는 놀라운 것입니다. 우리의 입술에서 흘러나간 기도는 하늘에까지 날아올라 하나님의 가슴에 전달되어 우리의 생활 속에서 꼭 이루어지는 능력이요, 우리의 유일한 무기입니다. 아무리 어려움에 처해 있다 할지라도 잊지 마세요. 기도는 우리의 능력입니다. 제자훈련의 한 배를 탄 친구들을 위해 서로 기도해 주는 시간이 매주 있을 것입니다. 친구들의 기도 제목을 빈 칸에 적고 요일별로 친구를 위해 진심으로 기도해 주길 바랍니다. 이것을 통해 기도의 능력을 맛보는 친구들이 되길 바랍니다.

7 "매일 말씀과 함께…" 하는 방법?

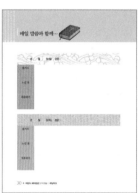

우리가 힘있는 하루를 살기 위해 하루 세끼 밥을 먹듯이 우리의 영적 건강을 위해서는 매일매일 말씀을 먹어야 합니다. 특히 예수님께서는 "사람이 떡으로만 살 것이 아니요 하나님의 입에서 나오는 말씀으로 살 것이라"고 말씀하셨죠. 매일 성경 말씀을 읽고 그 말씀이 오늘 나에게 무슨 의미인지 깨달아 알고 생활에 적용하여 실천함으로, 여러분의 하루하루가 풍성한 말씀의 인도하심을 받았으면 좋겠습니다. 그러기 위해 초등부에서 매달 발행하는 어린이 성경공부 교재에 있는 '오늘의 양식'을 가지고 매일 말씀을 읽고 적용하는 생활을 하기 바랍니다.

예수님은 어떤 분이실까?

1. 내가 아는 예수님은 어떤 분인가요?

_____

_____

_____

_____

2. 예수님과 나의 차이점은 무엇일까요?

_____

_____

_____

_____

3. 예닮학교를 시작하면서 내가 한 다짐은 무엇인가요?

_____

_____

_____

_____

1과

예닮학교 시작하기

네가 만일 네 입으로 예수를 주로 시인하며 또 하나님께서 그를 죽은 자 가운데서 살리신 것을 네 마음에 믿으면 구원을 받으리라 사람이 마음으로 믿어 의에 이르고 입으로 시인하여 구원에 이르느니라 📌 로마서 10:9-10

 우리는 예수님을 중심으로 한 몸을 이루는 한 지체라는 하나님의 말씀을 기억하나요? 나 혼자 잘한다고 해서 잘되는 것은 결코 아닙니다. 예수님을 믿는 그 순간부터 우리는 함께 걸어가야 합니다. 이 세상이 끝날 때까지, 예수님이 오실 때까지 말이에요. 거짓으로 가득 찬 세상은 자기를 숨기고 살도록 만듭니다. 하지만 예수님을 믿는 빛의 자녀들은 그렇지 않아요. 당당하게 자기를 드러내 보세요. 심지어 자신의 생각, 마음까지도 하나님 앞에서 부끄러울 것이 없어요. 그리고 서로를 감싸 안아 주세요. 아픈 과거까지도 안아 주세요. 새로운 기쁨이, 세상이 알 수 없는 행복이 우리를 덮을 겁니다.

1 Who are you?

† 선생님의 성함은 무엇인가?

----

† 어디에 사세요?

----

† E-mail 주소도 가르쳐 주세요.

----

† 우리에게 바라시는 점을 말씀해 주세요.

----

† 선생님은 뭘 좋아하세요?

----

† 선생님께서 가장 좋아하시는 성경말씀은 무엇인가요?

----

† 선생님, 예수님을 믿으면서 가장 행복했던 일을 알려 주세요.

----

† 이름은 ?

† 어디에 사니?

† E-mail 주소는?

† 메신저는?

† 취미나 특기는?

† 지금까지 살면서 가장 기뻤던 일은?

† 기도 제목은?

† 이름은 ?

† 어디에 사니?

† E-mail 주소는?

† 메신저는?

† 취미나 특기는?

† 지금까지 살면서 가장 기뻤던 일은?

† 기도 제목은?

† 이름은 ?

† 어디에 사니?

† E-mail 주소는?

† 메신저는?

† 취미나 특기는?

† 지금까지 살면서 가장 기뻤던 일은?

† 기도 제목은?

† 이름은 ?

† 어디에 사니?

† E-mail 주소는?

† 메신저는?

† 취미나 특기는?

† 지금까지 살면서 가장 기뻤던 일은?

† 기도 제목은?

✝ 이름은 ?

✝ 어디에 사니?

✝ E-mail 주소는?

✝ 메신저는?

✝ 취미나 특기는?

✝ 지금까지 살면서 가장 기뻤던 일은?

✝ 기도 제목은?

2 나는 제자훈련을 왜 신청하게 되었나요?

3 여러분의 가족에 대해 알고 싶어요. 서로 이야기를 나누어 봅시다.

4 예수님을 믿은 후 언제 가장 기뻤나요? 그때 무슨 일로 그렇게 기뻤는지 이야기해 봅시다.

실천하기 ········ 친구들을 위해 내가 해야 할 일이 무엇인지 생각하고 적어 봅시다.

{ 기도로 여는 하나님 나라!

기도는 놀라운 것입니다. 우리의 입술에서 흘러나간 기도는 하늘에까지 날아올라 하나님의 가슴에 전달됩니다. 그러므로 이 기도는 우리의 생활 속에서 꼭 이루어지는 능력이요, 우리의 유일한 무기입니다. 참된 기도의 능력을 맛보세요.

요 일	기도 대상자	기 도 제 목
일		
월		
화		
수		
목		
금		
토		

{ 하나님과 함께 가는 길

예수님의 생각을 따라 생각하고, 예수님이 행하신 대로 행동하며, 나보다 남을 위해, 나보다 하나님의 나라를 위해, 나를 자랑하기보다 하나님의 영광을 위해 살아가는 삶을 위해 다음을 실천해 봅시다.

1 매일 시간을 정해서 하나님과 대화하기

1 나의 이번 주 기도 제목

....

2 내가 이번 주 고치기로 다짐한 것

....

3 나라와 세계를 위한 기도 제목

....

2 매일 성경 말씀을 읽으며 하나님의 생각과 같은 생각하기

1 설교 말씀을 통해 내가 깨달은 것은?

....

2 하나님의 자녀로서 세상의 빛과 소금이 되기 위해 실천하기로 다짐한 것은?

....

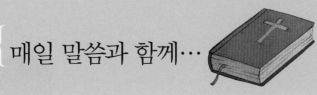

매일 말씀과 함께…

	년 월 일(월) 본문:
줄거리	
느낀 점	
적용하기	

	년 월 일(화) 본문:
줄거리	
느낀 점	
적용하기	

	년 월 일 (수) 본문 :
줄거리	
느낀 점	
적용하기	

	년 월 일 (목) 본문 :
줄거리	
느낀 점	
적용하기	

	년 월 일 (금) 본문 :
줄거리	
느낀 점	
적용하기	

	년 월 일 (토) 본문 :
줄거리	
느낀 점	
적용하기	

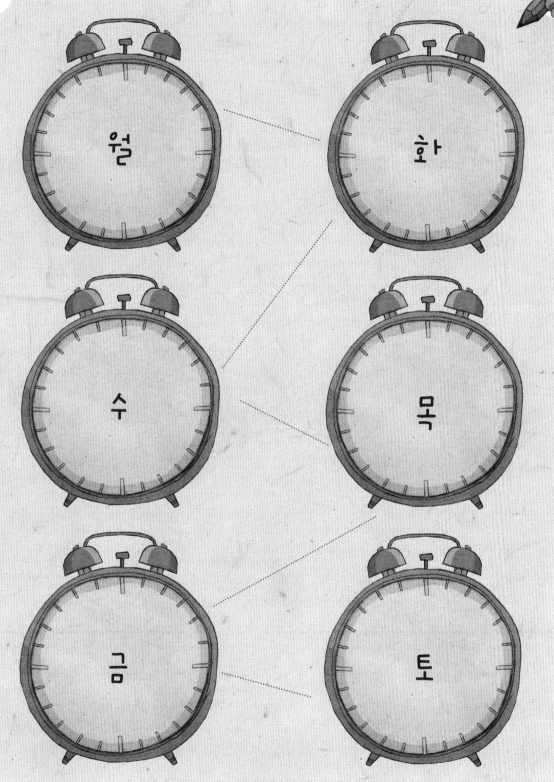

예닮학교를 위해 사용할 시간을 계획해 봐요.
● 지킨 것: 녹색 ● 지키지 못한 것: 빨강색 ● 취소한 것: 노란색

"철민아, 미안해!"

"어린이를 위한 제자 이야기" 시리즈 중, 제1권 『철민아, 미안해!』를 읽고 감상문을 써 봅시다.(출판사:국제제자훈련원)

2과

예수님이 만난 사람들

마태복음 4:18-22

마가복음 2:13-17; 10:17-31

사도행전 9:1-22

예수께서 이르시되 손에 쟁기를 잡고 뒤를 돌아보는 자는 하나님의 나라에 합당하지 아니하니라 하시니라 　▪ 누가복음 9:62

사람들은 모두 자기 마음이 원하는 대로 살아가면 되는 줄 알고 있죠. 하지만 실상은 그렇지 않답니다. 제 아무리 잘난 척하고 뽐내며 살아도 그것은 껍데기에 불과하죠. 그러나 우리가 예수님을 만나게 되면 우리는 우리를 덮고 있던 껍데기에서 벗어나 우리의 참 모습을 보게 될 것입니다. 그리고 우리가 어떤 사람인지 깨닫게 될 것입니다. 오늘 우리는 예수님을 만난 일곱 사람을 보게 됩니다. 이 사람들을 보면서 우리가 어떻게 해야 우리의 껍데기를 벗을 수 있는지 깨닫게 되기를 바랍니다. 자, 지금부터 출발해 볼까요?

† 마음을 열어요!

1 지난 일주일 동안 각자가 읽고 감상문을 써온 "철민아, 미안해!"를 가지고서 자신이 느낀 것을 나누어 봅시다.

----

2 새롬이의 모습과 자신의 모습을 비교해 볼까요? 혹시 차이점이 있나요? 어떤 차이점이 있는지 말해 봅시다. 자신의 경험을 토대로 이야기해 보면 더욱 좋을 것 같아요.

....

....

....

† 말씀의 문을 열어요!

3 마태복음 4장 18~22절, 마가복음 2장 13~17절, 사도행전 9장 1~22절에서 예수님을 만난 사람들은 누구누구인가요?

★ 마태복음 4:18~22

☐ ☐ ☐　☐ ☐ ☐

　　☐ ☐ ☐　☐ ☐

★ 마가복음 2:13~17

☐ ☐ ☐　의 아들　☐ ☐

★ 사도행전 9:1~22

☐ ☐

4 위의 인물들은 예수님을 만났습니다. 그런데 어떻게 이들이 예수님을 만나게 되었을까요? 보물을 찾듯이 예수님을 찾아 헤매다가 만나게 되었을까요? 말씀에서 어떻게 만나게 되었는지 알아 보세요. (힌트, 예수님을 만나게 된 상황이 모두 똑같아요!)

5 성경에 나온 이 세 인물들이 예수님을 만났을 때, 예수님은 이들에게 똑같은 말씀을 하셨습니다. 그러자 이 인물들은 똑같이 행했습니다. 그 똑같은 말씀과 행동이 무엇일까요? 말씀을 자세히 읽고 찾아 보세요. (참고하세요. 마태복음 4:20; 마가복음 2:14; 사도행전 9:20)

우리가 교회에 나오듯이 예수님을 찾아 다녀야 하는 줄로 착각할 수 있어요. 하지만 그렇지 않습니다. 예수님께서 우리를 먼저 사랑하셨습니다. 그래서 이 세상이 창조되기 훨씬 이전부터 우리를 향한 계획을 가지시고 우리를 만드셨어요. 하지만 우리의 죄악으로 인해 하나님의 곁을 우리가 떠나고 말았죠. 그렇지만 하나님은 우리를 다시 돌이키시고 만나시기 위해 그분의 아들, 예수님을 이 땅에 보내셨습니다. 예수님은 하나님과 우리 사이를 화목케 하시려고 십자가에 못박혀 죽으셨죠. 하나님께서 우리를 만나고 싶어 하십니다. 마치 잃어버린 한 마리의 양을 찾아서 밤이 되도록 찾으시는 것처럼, 지금도 우리를 만나기 원하셔서, 우리 마음의 문 밖에 서서 문을 두드리고 계신답니다. 그리고 예수님을 만난 사람들은 모두 변하여 예수님을 따랐습니다. 그런데 한 사람은 아니었죠.

6

마가복음 10장 17~31절에 나오는 인물은 어떤 사람인가요?

_____

_____

_____

_____

7

앞에서 본 인물들과 달리 이 사람은 어떻게 해서 예수님을 만나게 되었나요?

(마가복음 10:17)

_____

_____

_____

_____

8

예수님이 사람들을 만나실 때마다 하신 말씀이 있어요. 무슨 말씀이었나요?

(마가복음 10:21)

_____

_____

_____

_____

9 예수님의 말씀에 이 사람은 어떤 마음이 들었고, 또 어떻게 했나요?

(마가복음 10:22)

....

....

....

10 예수님의 부르심에 따르지 못한 이 사람은 결국 어떻게 되었나요?

(마가복음 10:23~30)

....

....

....

아무리 참 진리를 찾고자 노력해도 예수님의 부르심에 '네, 주님. 제가 저의 모든 것을 버려두고 주님을 따르겠습니다' 라고 대답을 할 수 없으면, 우리는 예수님의 제자가 될 수 없을 뿐 아니라 구원도 얻을 수 없습니다. 모든 것을 버린다는 것은 자기의 마음을 세상으로부터 빼앗아서 예수님께 드리는 것을 의미합니다. 예수님을 따른다는 것은 나의 모든 것을 예수님의 말씀에 비추어 생각하는 것을 말합니다. 이것은 예수님께서 행하신 것을 기억하고 생활 가운데서 실천하는 것입니다. 무엇보다 마음으로 예수님을 따라가야 하는 것이죠.

†말씀의 씨앗을 뿌려요!

11

지금 이 시간에도 예수님은 여러분의 마음의 문을 두드리고 계시며 묻고 계십니다. "○○야, 너의 모든 것을 버리고서 나를 좇아라!" 이 물음에 여러분의 솔직하고도 가슴에서 우러나오는 대답을 해보기 바랍니다.

12

예수님을 따르기 위해서는 자기의 모든 것을 버려야 한다고 예수님은 분명히 말씀하셨습니다. 여러분이 가진 것 중에 예수님을 따르고자 하는 마음을 방해하는 것이 있다면 어떤 것이 있는지 고백해 봅시다.

13 오늘, 하나님께 기도하면서 앞으로는 어떤 일이 있어도 예수님만 따르는 이 길을 포기하지 않겠다는 굳은 결심과 여러분의 마음 전부를 바쳐서 따르겠다는 헌신의 기도를 주님께 드립시다. 그리고 오는 일주일 동안 새롬이처럼 어떻게 예수님을 따라갈 것인지 결심합시다.

 내가 버려야 할 것과 실천할 것을 생각하고 나누어 준 종이에 적어봅니다.

★ **준비물** 각 반별로 아이들 숫자만큼 다른 색깔의 종이(초등부에서 준비하겠습니다.)

★ **방법**

1. 내가 버려야 할 것과 실천할 것을 종이에 적습니다.
2. 적은 후 준비된 함에 모든 종이를 넣습니다.
3. 그리고 한 주 동안 다짐한 것을 지킵니다. 잘 지키면 그 종이를 쓰레기통에 버리고 그렇지 못하면 계속 함에 넣어둡니다.

{ 기도로 여는 하나님 나라!

 기도는 놀라운 것입니다. 우리의 입술에서 흘러나간 기도는 하늘에까지 날아올라 하나님의 가슴에 전달됩니다. 그러므로 이 기도는 우리의 생활 속에서 꼭 이루어지는 능력이요, 우리의 유일한 무기입니다. 참된 기도의 능력을 맛보세요.

요 일	기 도 대상자	기 도 제 목
일		
월		
화		
수		
목		
금		
토		

{ 하나님과 함께 가는 길

예수님의 생각을 따라 생각하고, 예수님이 행하신 대로 행동하며, 나보다 남을 위해, 나보다 하나님의 나라를 위해, 나를 자랑하기보다 하나님의 영광을 위해 살아가는 삶을 위해 다음을 실천해 봅시다.

1 매일 시간을 정해서 하나님과 대화하기

1 나의 이번 주 기도 제목

....

2 내가 이번 주 고치기로 다짐한 것

....

3 나라와 세계를 위한 기도 제목

....

2 매일 성경 말씀을 읽으며 하나님의 생각과 같은 생각하기

1 설교 말씀을 통해 내가 깨달은 것?

....

2 하나님의 자녀로서 세상의 빛과 소금이 되기 위해 실천하기로 다짐한 것?

....

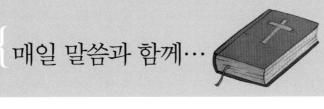

{ 매일 말씀과 함께…

	년 월 일 (월) 본문 :
줄거리	
느낀 점	
적용하기	

	년 월 일 (화) 본문 :
줄거리	
느낀 점	
적용하기	

년 월 일 (수) 본문 :			
줄거리			
느낀 점			
적용하기			

년 월 일 (목) 본문 :			
줄거리			
느낀 점			
적용하기			

년   월   일 (금) 본문 :

줄거리	
느낀 점	
적용하기	

년   월   일 (토) 본문 :

줄거리	
느낀 점	
적용하기	

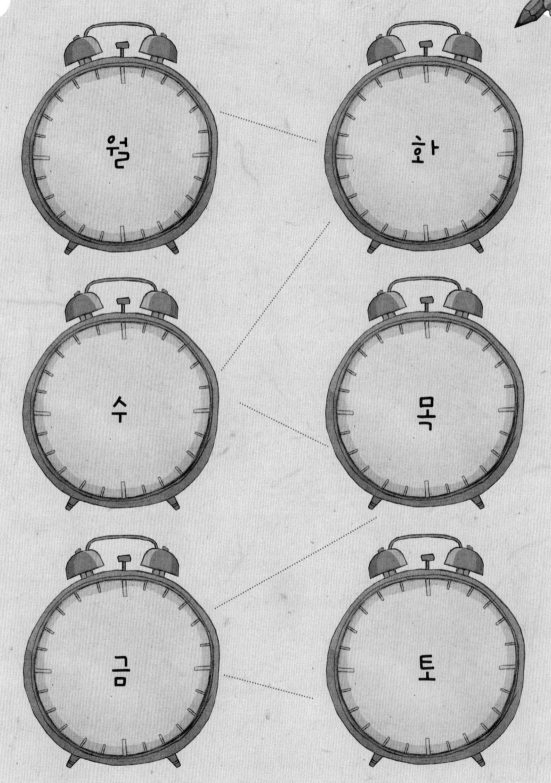

예닮학교를 위해 사용할 시간을 계획해 봐요.

● 지킨 것: 녹색　　● 지키지 못한 것: 빨강색　　● 취소한 것: 노란색

"내가 만난 예수님"

이번 과제물은 신앙고백을 하는 시간입니다. 모태신앙(부모님의 신앙을 그대로 물려받는 경우)도 있지만, 그렇지 않은 경우도 있죠. 이렇든 저렇든, 예수님을 믿고 난 후, 하나님께 받은 은혜가 있을 겁니다. 그 은혜를 친구들과 함께 나누는 시간이 되기를 원합니다. 이렇게 고백을 나누면 나눌수록 은혜는 배가 됩니다.

3과

예수님은 누구세요?

마태복음

시몬 베드로가 대답하여 이르되 주는 그리스도시요 살아 계신 하나님의 아들이시

니이다 ◾마태복음 16:16

예수님은 정말 누구실까요? 왜 그렇게 아프고 힘든 길을 걸어 가야만 했을까요? 이 세상을 지으시고 지금도 다스리신다는 하나님의 아들이라고 하면서 왜 십자가를 지고 죽어야 하는 자리를 향해 스스로 나아가셨을까요? 예수님께서 걸어가신 그 길을 잠시라도 함께 걸어보고, 왜 그래야만 하셨는지 이유를 찾아 봅시다.

† 예수님은 사람이에요? 하나님이에요?

"예수님이 하나님이라니요? 예수님이면 예수님, 하나님이면 하나님 아니에요?" 이렇게 말하는 친구들이 많을 것 같아요. 하지만 이 말이 사실 아니, 진리랍니다. 바로 예수님이 하나님이세요. 하나님은 모두 세 분, 성부, 성자, 성령께서 하나로 함께 일하시는 분이세요. 그 중에 예수님은 바로 성자 하나님으로, 하나님의 아들이시자 또한 하나님이신 것을 알아야 한답니다.

1 요한복음 1장 1~3절까지 함께 소리 내어 읽어 보세요. 예수님은 언제부터 계셨던 분이며 어떤 분이신가요?

2 예수님이 하나님이신 것은 성경 여러 곳에서 다양하게 증명되고 있답니다. 아래의 성경을 찾아 보고, 누가 어떻게 증거하는지 알아 봅시다.

★ 하나님의 증거, 마태복음 3:1~17

....

★ 마귀의 증거, 마태복음 4:1~11

....

★ 자연의 증거, 마태복음 8:23~27

....

★ 귀신들의 증거, 마태복음 8:28~34

....

3 뿐만 아니라 예수님께서도 자기에 대해서 말씀하셨어요. 뭐라고 말씀하셨는지 알아 봅시다. (요한복음 14:8~21)

....

....

....

....

4 예수님께서 행하신 일들 중에서 도저히 사람이 할 수 없는, 하나님만이 하실 수 있는 일이었다고 생각되는 것들을 하나씩만 성경에서 찾아서 적어 볼까요?

(예, 마태복음 8:23~27; 마가복음 6:41~44; 요한복음 11:43~44)

....

....

....

....

5 세상 사람들은 예수님을 석가모니나 마호메트, 공자 같은 성인 중에 한 사람이라고 생각하죠. 하지만 예수님은 우리가 성경에서 본 바와 같이 하나님이십니다. 친구들은 예수님이 참 하나님이시라는 것을 믿나요? 아니면 정말 그럴까 하고 의심하고 있나요? 솔직하게 자기의 생각을 말해 봅시다.

....

....

....

6 예수님은 하나님인 동시에 진짜 사람이었답니다. 아래 성경을 읽고 예수님의 모습을 그려 봅시다. 여러분에게 예수님의 모습은 어떻게 그려지나요?

(마태복음 4:2, 9:35~38, 20:29~34, 21:12~14, 26:36~46, 27:32, 27:45~50)

....

....

....

7 이처럼 예수님은 하나님인 동시에 완전한 사람이셨습니다. 왜 예수님이 사람이 되셔야만 했을까요? (히브리서 2:14, 17)

....

....

....

....

† 예수님은 왜 십자가에서 죽으셔야만 했나요?

"예수님은 하나님이시잖아요. 그런데 왜 십자가에서 사람들의 손가락질을 받으면서 죽으셔야만 했나요? 모든 것을 다 할 수 있는 능력의 하나님이 죽지 않고서도 우리를 구원할 수 있어야 하는 것 아닌가요?" 하지만 단 한 번의 죽으심으로 온 인류의 구원을 이루신다는 놀라운 신비를 우리 모두 깨닫게 되길 바랍니다.

8 아담 이후로 이 세상의 모든 사람들은 어떤 상태일까요? (로마서 3:9~18, 23)

....

....

....

....

9 하나님께서는 죄를 지은 사람들에게 하나님과 화해할 수 있도록 제사의 방법을 가르쳐 주셨어요. 이 제사의 특징이 무엇일까요? (레위기 3:1~4:13)

....

....

....

10 사람들의 죄를 대신 담당할 희생제물, 즉 흠 없는 어린양이 필요한데 그 어린양이 누구일까요? (이사야 53:1~12; 로마서 3:25, 5:10~11; 히브리서 9:12, 15, 16~17, 22)

....

....

11 그래서 흠 없는 어린양이신 예수님이 십자가에서 죽으심으로써만 우리는 구원을 얻을 수 있게 된 것이죠. 이 점에 대해서 하나님께서는 뭐라고 말씀하고 계실까요?

★ 요한복음 14:6

....

....

★ 사도행전 4:12

....

....

12 우리는 교회에 나오는 것이 아닙니다. 우리는 예수님을 믿는 것입니다. 죄악으로 물든 이 세상, 온 인류를 구원하실 수 있는 유일한 구원자이신 예수님을 믿는 것입니다. 우리의 진정한 믿음은 생각만으로 되지 않습니다. 입으로 고백을 해야 합니다. 왜 그럴까요? (로마서 10:9~10)

✝ 나의 믿음, 나의 고백

13 그렇다면 우리는 우리의 믿음을 어떻게 고백을 해야 할까요? 베드로는 어떻게 고백했는지 살펴 봅시다. (마태복음 16:16)

14 베드로처럼 우리의 마음을 다해서 예수님을 나의 주님으로 고백해 봅시다. 그리고 과제물로 해 온 "내가 만난 예수님"을 가지고 발표해 봅시다. 서로에게 받은 감동을 나눠 보세요.

....
....
....
....
....

 예수님께 감사 편지 쓰기

★ 방법

나누어 준 종이에 하나님이시면서 우리를 위해 십자가에 달려 돌아가신 예수님께 감사하는 편지를 써 봅시다. 진심으로 예수님께 감사해 보세요.

 내가 버려야 할 것과 실천할 것을 생각하고 나누어 준 종이에 적어 봅니다.

★ 준비물 각 반별로 아이들 숫자만큼 다른 색깔의 종이(초등부에서 준비하겠습니다.)
★ 방법

1. 내가 버려야 할 것과 실천할 것을 종이에 적습니다.
2. 적은 후 준비된 함에 모든 종이를 넣습니다.
3. 그리고 한 주 동안 다짐한 것을 지킵니다. 잘 지키면 그 종이를 쓰레기통에 버리고 그렇지 못하면 계속 함에 넣어둡니다.

{기도로 여는 하나님 나라!

기도는 놀라운 것입니다. 우리의 입술에서 흘러나간 기도는 하늘에까지 날아올라 하나님의 가슴에 전달됩니다. 그러므로 이 기도는 우리의 생활 속에서 꼭 이루어지는 능력이요, 우리의 유일한 무기입니다. 참된 기도의 능력을 맛보세요.

요 일	기도 대상자	기 도 제 목
일		
월		
화		
수		
목		
금		
토		

{ 하나님과 함께 가는 길

예수님의 생각을 따라 생각하고, 예수님이 행하신 대로 행동하며, 나보다 남을 위해, 나보다 하나님의 나라를 위해, 나를 자랑하기보다 하나님의 영광을 위해 살아가는 삶을 위해 다음을 실천해 봅시다.

1 매일 시간을 정해서 하나님과 대화하기

1 나의 이번 주 기도 제목

....

2 내가 이번 주 고치기로 다짐한 것

....

3 나라와 세계를 위한 기도 제목

....

2 매일 성경 말씀을 읽으며 하나님의 생각과 같은 생각하기

1 설교 말씀을 통해 내가 깨달은 것?

....

2 하나님의 자녀로서 세상의 빛과 소금이 되기 위해 실천하기로 다짐한 것?

....

{ 매일 말씀과 함께…

년 월 일 (월) 본문 :				
줄거리				
느낀 점				
적용하기				

년 월 일 (화) 본문 :				
줄거리				
느낀 점				
적용하기				

년 월 일 (수) 본문 :	
줄거리	
느낀 점	
적용하기	

년 월 일 (목) 본문 : ,	
줄거리	
느낀 점	
적용하기	

년 월 일 (금) 본문 :	
줄거리	
느낀 점	
적용하기	

년 월 일 (토) 본문 :	
줄거리	
느낀 점	
적용하기	

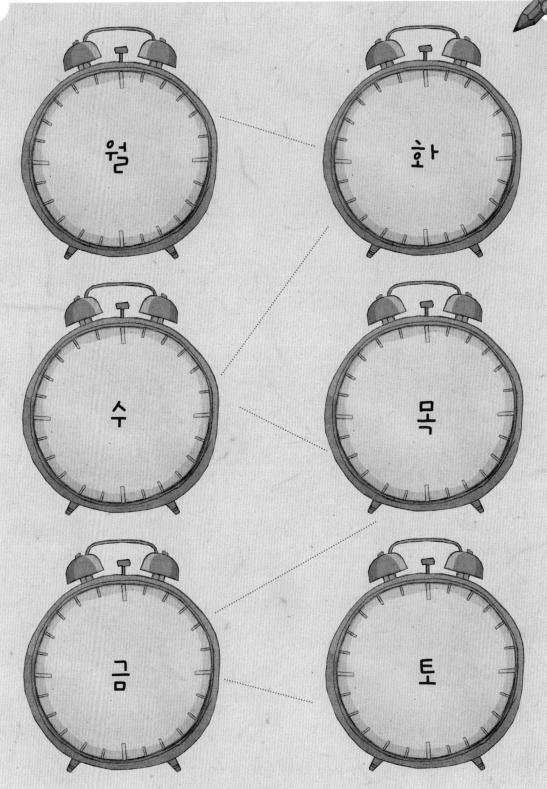

예닮학교를 위해 사용할 시간을 계획해 봐요.
● 지킨 것: 녹색   ● 지키지 못한 것: 빨강색   ● 취소한 것: 노란색

"백악관을 기도실로 만든 대통령, 링컨"

미국의 16대 대통령, 에이브러햄 링컨을 우리 모두 기억합니다. 그러나 링컨이 아름다운 신앙의 선배라는 사실을 아는 사람은 그리 많지 않습니다. 링컨의 발자취를, 특별히 신앙의 발자취를 따라가 보는 좋은 시간이 되길 바랍니다. 이 책을 읽고 느낀 점을 자신의 삶과 비추어 솔직하게 적어 보시기 바랍니다.(출판사: 생명의 말씀사)

4과

매일 하나님을 만나러 가요!
(말씀생활)

마태복음 6장, 마가복음 1장, 히브리서 4장

그러므로 우리는 긍휼하심을 받고 때를 따라 돕는 은혜를 얻기 위하여 은혜의 보좌

앞에 담대히 나아갈 것이니라 ▪️ 히브리서 4:16

"눈에 보이지도 않는 하나님을 어떻게 만나요? 그건 말도 안 되는 소리예요!" 이렇게 생각하나요? 결코 그렇지 않습니다. 하나님은 분명 우리의 눈에는 보이지 않습니다. 그러나 우리가 믿음의 눈을 뜰 수만 있다면 하나님께서 한순간도 쉬지 않고 우리와 함께하시며, 우리와 함께 호흡하시고, 불꽃 같은 눈으로 우리를 지켜보고 계신다는 것을 느끼고 볼 수 있답니다. 지금 함께 하나님을 만나러 가 볼까요?

† 왜 하나님을 만나야 하나요?

1

우리 함께 히브리서 4장 16절을 읽고 빈칸에 들어갈 말을 넣어 봅시다. 그리고 아래의 질문에 대답해 보세요.

그러므로 우리는 은혜의 ☐☐ 앞에 담대하게 나아갑시다.

그 곳에서 우리는 ☐☐☐☐ 을 받을 수 있으며,

☐☐☐☐ 돕는 ☐☐ 를 얻을 수 있기 때문입니다.

가. 우리가 왜 하나님을 만나야 하는지 말해 봅시다.

_____

_____

나. 우리가 어느 때에 하나님을 만나야 하는지 성경말씀에서 찾아 보세요.

....

....

다. 하나님을 만나기 위해서 우리는 어디로 가야 하나요?

....

....

2 여러분은 때를 따라 돕는 은혜를 얻기 위해 하나님과 만나는 생활을 잘 하고 있
나요? 그렇지 못했다면 왜 그랬는지 이유를 말해 봅시다.

....

....

....

3 바빠서, 또는 시간이 없어서 잘 하지 못했다고요? 예수님을 생각해 보면 그런
말을 할 수 없을 겁니다. 왜냐고요? 그럼 지금부터 예수님이 얼마나
바쁘게 사셨는지 확인해 볼까요. 다 함께 마가복음 1장을 펴 봅시다.

가. 안식일 아침에 예수님은 무슨 일을 하셨나요? (마가복음 1:21~28)

....

....

나. 안식일 오후에는 무슨 일을 하셨을까요? (마가복음 1:29~31)

....

....

다. 아니 이렇게 바쁠 수가? 그럼 안식일 저녁에는요? (마가복음 1:32~34)

....

....

4 이렇게 바쁘게 사셨는데도 예수님은 하나님과 만나는 시간을 결코 빠뜨리지 않으셨답니다. 마가복음 1장 35절을 읽어 보고 예수님이 언제, 무엇을 어떻게 하셨는지 알아 봅시다.

....

....

5 더 이상 바쁘다는 핑계를 대지 맙시다. 더욱이 하나님과 만나는 일은 이 세상 그 어떤 일보다 더욱 소중한 일이라는 것을 기억하고 가장 중요하게 여기는 여러분이 됩시다. 그러기 위해 자기의 하루 일과를 적어 보고 어떻게 해야 하나님을 만나는 시간을 가질 수 있을지 생각해 봅시다.

✝ 기도로 하나님과 대화를 나눠요

기도는 하나님과 나누는 대화입니다. 또한 기도는 하나님을 믿는 사람들이 오늘 하루를 살게 하는 생명의 호흡입니다. 잠시라도 호흡을 하지 않으면 우리가 살 수 없듯이 매일, 아니 매 순간마다 기도하지 않으면 살 수 없답니다. 잠에서 깰 때에도, 길을 걸을 때에도, 공부할 때에도 마찬가지입니다.

6

예수님은 우리에게 기도할 때 피해야 할 것이 어떤 것인지 가르쳐 주셨답니다. 마태복음 6장 5절을 읽고 그것이 무엇인지 알아 봅시다.

....

....

....

7

그렇다면 예수님이 기뻐하시는 기도는 어떤 기도인지 알아 봅시다.

(마태복음 6:6~7)

....

....

....

8

그러면 어떻게 기도를 해야 가장 적절한 기도를 할 수 있을까요? 예수님께서 우리에게 기도하는 법을 가르쳐 주셨답니다. 다함께 주기도문을 외워서 적어 볼까

요? 뒤의 메모란에 적어 보세요. (마태복음 6:9~13)

....

....

....

9

무엇을 기도해야 하는지, 어떤 순서로 기도해야 하는지 주기도문을 자세히 보면서 찾아 봅시다.

....

....

....

10

나의 기도 제목 중, 한 가지를 가지고 앞에서 배운 순서와 내용에 맞게 기도문을 작성해 봅시다.

....

....

....

†말씀으로 하나님의 마음을 가져요

11 우리가 가지고 있고, 읽는 이 성경말씀은 무엇인가요? 히브리서 4장 12절에서 13절을 읽고 대답해 봅시다.

....

....

....

12 하나님께서 왜 성경말씀을 우리에게 주셨는지 알아 봅시다.

★ 가. 디모데후서 3:15

....

....

....

★ 나. 디모데후서 3:17

....

....

....

13 성경말씀은 우리를 하나님의 사람으로 온전케 하신다고 말씀하셨습니다. 이것은 무엇을 의미할까요? 에베소서 4장 15절을 찾아 봅시다.

....

....

....

....

14 선한 일을 행할 수 있도록 온전하게 된다는 말은 무엇을 의미할까요? 에베소서 4장 19~24절을 읽어 봅시다.

....

....

....

15 우리가 말씀을 읽을 때에 성경말씀이 우리를 온전하게 만들게 하기 위해 어떻게 일하는지 알아 봅시다. (디모데후서 3장 16절)

....

....

....

16 이렇게 성경말씀은 우리를 하나님의 사람으로, 그리고 선한 일을 하도록 온전하게 만드십니다. 이제 우리 자신을 생각해 봅시다. 나는 과연 하나님의 사람으로 변화되어 있고, 하나님이 원하시는 선한 일들을 행하고 살아가는지 서로 이야기해 봅시다. 그렇지 못하다면 왜 그런지 생각해 봅시다.

....

....

....

....

실천하기

우리는 하나님을 매일 만나야 합니다. 그러나 방해하는 것들이 많이 있어요. 내가 하나님을 만나는 데 방해하는 것이 무엇이며, 내가 하나님을 만나기 위해 다짐하는 것들이 무엇인지 적어봅시다.

★ 방해하는 것

....

....

★ 다짐해야 할 것

....

....

{ 기도로 여는 하나님 나라!

기도는 놀라운 것입니다. 우리의 입술에서 흘러나간 기도는 하늘에까지 날아올라 하나님의 가슴에 전달됩니다. 그러므로 이 기도는 우리의 생활 속에서 꼭 이루어지는 능력이요, 우리의 유일한 무기입니다. 참된 기도의 능력을 맛보세요.

요 일	기도 대상자	기 도 제 목
일		
월		
화		
수		
목		
금		
토		

{ 하나님과 함께 가는 길

예수님의 생각을 따라 생각하고, 예수님이 행하신 대로 행동하며, 나보다 남을 위해, 나보다 하나님의 나라를 위해, 나를 자랑하기보다 하나님의 영광을 위해 살아가는 삶을 위해 다음을 실천해 봅시다.

1 매일 시간을 정해서 하나님과 대화하기

1 나의 이번 주 기도 제목

2 내가 이번 주 고치기로 다짐한 것

3 나라와 세계를 위한 기도 제목

2 매일 성경 말씀을 읽으며 하나님의 생각과 같은 생각하기

1 설교 말씀을 통해 내가 깨달은 것은?

2 하나님의 자녀로서 세상의 빛과 소금이 되기 위해 실천하기로 다짐한 것은?

{ 매일 말씀과 함께…

	년 월 일 (월) 본문 :
줄거리	
느낀 점	
적용하기	

	년 월 일 (화) 본문 :
줄거리	
느낀 점	
적용하기	

년 월 일 (수) 본문 :	
줄거리	
느낀 점	
적용하기	

년 월 일 (목) 본문 :	
줄거리	
느낀 점	
적용하기	

년 월 일 (금) 본문:	
줄거리	
느낀 점	
적용하기	

년 월 일 (토) 본문:	
줄거리	
느낀 점	
적용하기	

예닮학교를 위해 사용할 시간을 계획해 봐요.

●지킨 것: 녹색   ●지키지 못한 것: 빨강색   ●취소한 것: 노란색

"예수님처럼, 나처럼"

새롬이와 철민이의 이야기를 통해서 예수님의 제자들은 어떻게 살아야 하는지에 대해서 잘 설명해 놓은 어린이를 위한 제자이야기 3권 『예수처럼, 나처럼!』을 읽고서 느낀 점을 적어 봅시다. 그리고 자신도 새롬이와 철민이 같은 경우가 있었을 때, 어떻게 했는지 기억해 보며 책과 비교해 보시기 바랍니다.(출판사: 국제제자훈련원)

5과

교회에 간다고? 난 예배 드리러 가!

창세기 4장, 요한복음 4장

아버지께 참되게 예배하는 자들은 영과 진리로 예배할 때가 오나니 곧 이 때라 아버지께서는 자기에게 이렇게 예배하는 자들을 찾으시느니라 ♪ 요한복음 4:23

하나님께서 우리를 이 땅 가운데 창조하신 이유는, 우리로부터 찬양과 영광을 받기 위해서입니다. 창조주이신 하나님께 지음을 받은 우리가 하나님의 그 놀라우심, 위대하심을 깨닫고 찬양하는 것이야말로 당연한 것이며, 우리가 이 땅에 사는 목적인 것이죠. 여러분은 이와 같은 예배를 하나님께 드리고 있나요? 어떻게 예배를 드려야 그렇게 하는 것인지 알아 봅시다.

† 저요? 지금 예배 드리고 있는데요?

여러분이 주일예배를 어떤 마음으로 드리고 있는지 아래 문제를 보면서 여러분의 생각에 해당하는 숫자를 적어 보세요. 그리고 모든 문항의 숫자를 합산해 보세요.

전혀 그렇지 않다(1), 별로 그렇지 않다(2), 보통이다(3), 그렇다(4), 매우 그렇다(5)

1. 주일에는 무슨 일이 있어도 교회에 가서 예배를 드려야 한다고 생각한다.　　　(　　)

2. 주일예배에 일찍 오기 위해 토요일 저녁에는 일찍 잠을 잔다.　　　(　　)

3. 주일 아침에 성경과 교재를 꼭 챙긴다.　　　(　　)

4. 예배 시간 10분 전에는 교회에 도착해야 한다.　　　(　　)

5. 예배실에 와서 가방을 내려 놓고 모자도 벗고 간절한 마음으로 기도한다.　　　(　　)

6. 오늘의 성경말씀을 미리 찾아서 읽는다. ( )

7. 찬양 시간에 온 마음과 정성을 다하고 목소리를 높여서 찬양한다. ( )

8. 친구들이 대표로 나와서 헌금 기도를 할 때, 내가 기도하듯이 마음을 다해 기도한다. ( )

9. 설교 말씀이 나를 위해 하시는 하나님의 말씀으로 여겨진다. ( )

10. 설교 말씀을 듣고 기뻐하며 그렇게 살고자 결심한다. ( )

11. 분반 공부를 위해 오늘의 양식과 교재를 미리 예습해 온다. ( )

12. 주기도할 때는 마음을 다해서 하고, 다 마친 후에는 집으로 갈 준비를 한다. ( )

13. 예배 시간에는 다른 생각을 하지 않는다. ( )

14. 평소에 학교에서 생활할 때도, 주일예배 시간에 하나님 앞에 서 있는 것과

    같은 마음으로 한다. ( )

15. 예배는 나의 모든 것을 하나님께 드리는 것이다. ( )

16. 예배드릴 때, 하나님께서 나와 함께하심을 느낀다. ( )

17. 학교에서나 동네에서 친구들과 이야기할 때는 예배를 드리는 마음으로 한다. ( )

18. 학교에 도착해서 예배하는 마음으로 기도하고 일과를 시작한다. ( )

19. 컴퓨터나 인터넷을 할 때는 하나님 앞에서 예배하는 마음으로 한다. ( )

20. 잠자리에 들기 전에 예배하는 마음으로 기도한다. ( )

나의 점수는 ( )점

합계 점수가 70점이 안 되는 친구들이 있나요? 만약에 그런 친구들이 있다면 자기를 돌아보아야 할 겁니다. 예배는 분명히 시간을 때우는 일이 아닙니다. 부모님의 등살에 못 이겨서 어쩔 수 없이 하는 것이 아닙니다. 예배는 지금도 살아 계셔서 역사하시는

하나님께 우리의 온 마음과 정성을 드리는 것입니다. 하나님께 은혜를 받는 시간입니다. 하나님의 말씀을 받는 시간입니다. 이 예배를 어떻게 드려야 하는지 지금부터 자신을 비춰 보며 알아 봅시다.

✝ 가인과 아벨의 제사?

1 모두 함께 창세기 4장 1~15절까지 돌아가며 찬찬히 읽어 봅시다.

2 가인과 아벨은 각각 무슨 일을 하면서 살았나요? (창세기 4:1~2)

가인 / (   ) (   )하는 자

아벨 / (   )을 치는 자

3 가인과 아벨은 시간에 지난 후에 하나님께 감사하기 위해 무엇을 했나요?

(창세기 4:3~4)

....

....

....

4 가인과 아벨의 예배 중에 하나님께서는 누구의 예배를 기뻐 받으셨나요?

(창세기 4:4~5)

....

....

....

5 이 일로 인해 가인은 어떤 죄까지 범하게 되었나요? (창세기 4:8)

....

....

....

6 창세기에서는 왜 하나님께서 아벨의 제사만 받고 가인의 제사는 받지 않으셨는지 알려 주고 있지 않습니다. 하지만 신약 성경에서는 왜 하나님께서 그렇게 하셨는지를 알려 줍니다. 다함께 히브리서 11장 4절을 찾아서 적어 봅시다.

....

....

....

7 믿음으로 아벨이 가인보다 더 나은 제사를 드렸다는 말은 무엇을 뜻할까요? 곡식으로 제사를 드려야 하는 걸까요? 생각해 봅시다. (참고, 레위기 2장)

....

....

....

† 신령과 진정으로…

우리는 하나님께서 가인이 드린 제사를 받지 않는 이유가 제사의 방법 때문이 아니라고 배웠습니다. 사실 믿음으로 드린다, 드리지 않는다 하는 것은 구분하기가 쉽지 않을 것 같습니다. 도대체 믿음으로 더 나은 예배를 드리기 위해서는 어떻게 해야 할까요? 예수님께서 사마리아의 수가 성 여인과 나눈 대화를 통해서 그 해답을 찾아 봅시다.

8 수가 성 여인은 예수님과 잠시 동안 대화를 나누면서 예수님이 보통 사람이 아닌 선지자라는 것을 깨달았습니다. 어떻게 깨닫게 되었나요? (요한복음 4:15~17)

....

....

....

9 수가 성 여인은 만족을 얻기 위해 그동안 많은 죄를 저지르면서 살았지만, 아무런 만족을 얻지 못했습니다. 게다가 이 여인은 하나님께 드리는 예배에 대해서도 만족하지 못했죠. 왜 그랬을까요? (요한복음 4:20)

....

....

....

10 여인이 묻는 질문에 대해 예수님이 대답하신 것은 정말 엉뚱한 것이었습니다. 예수님은 뭐라고 답을 하셨나요? (요한복음 4:21)

....

....

....

11 예수님께는 예배를 어디서 드리는가는 그리 중요하지 않았어요. 예수님은 우리가 예배드릴 때에 가장 중요한 것이 무엇이라고 말씀하셨나요? (요한복음 4:23)

....

....

....

12 하나님은 참으로 예배하는 자를 지금도 찾고 계신다고 말씀하시며, 그 예배를 기뻐 받으신다 하십니다. 하나님이 기뻐 받으시는 제사는 어떤 제사일까요? 로마서 12장1절을 찾아서 읽고 빈 칸에 들어갈 말을 넣어 보세요.

너희 몸을 하나님이 기뻐하시는 ☐ ☐ ☐ 산

☐ ☐ 로 드리라

이는 너희가 드릴 ☐ ☐ ☐ ☐ 니라

13

자신을 돌아 봅시다. 그리고 지난날 자신의 예배 자세를 생각해 보세요. 어떤 것은 잘했고 어떤 것은 잘못했는지 적어 봅시다.

잘한 점	잘못한 점

실천하기

예배는 형식이 아니라 우리의 정신입니다. 이 정신으로 하루하루를 살아가야 할 것입니다. 올바른 예배를 위해 내가 버려야 할 것과 실천해야 할 것을 적어 봅시다.

★ 버려야 할 것

★ 실천해야 할 것

....

....

....

....

진정한 예배는 습관이나 행사로 드릴 수 있는 것이 아닙니다. 겉으로 보면, 우리의 예배가 일종의 행사와 같이 보일 수 있지만 눈에 보이는 것이 결코 전부가 아닙니다. 정말 중요한 것은 예배를 드리는 한 사람 한 사람의 믿음과 마음의 자세입니다. 찬송하고 헌금하는 우리의 마음이 과연 하나님께만 향해 있는지를 살펴봐야 하는 것입니다. 준비된 마음으로 예배를 드려야 한다는 것이 중요하단 말씀입니다.

{ 기도로 여는 하나님 나라!

 기도는 놀라운 것입니다. 우리의 입술에서 흘러나간 기도는 하늘에까지 날아올라 하나님의 가슴에 전달됩니다. 그러므로 이 기도는 우리의 생활 속에서 꼭 이루어지는 능력이요, 우리의 유일한 무기입니다. 참된 기도의 능력을 맛보세요.

요 일	기도 대상자	기 도 제 목
일		
월		
화		
수		
목		
금		
토		

{ 하나님과 함께 가는 길

예수님의 생각을 따라 생각하고, 예수님이 행하신 대로 행동하며, 나보다 남을 위해, 나보다 하나님의 나라를 위해, 나를 자랑하기보다 하나님의 영광을 위해 살아가는 삶을 위해 다음을 실천해 봅시다.

1 매일 시간을 정해서 하나님과 대화하기

1 나의 이번 주 기도 제목

2 내가 이번 주 고치기로 다짐한 것

3 나라와 세계를 위한 기도 제목

2 매일 성경 말씀을 읽으며 하나님의 생각과 같은 생각하기

1 설교 말씀을 통해 내가 깨달은 것?

2 하나님의 자녀로서 세상의 빛과 소금이 되기 위해 실천하기로 다짐한 것?

매일 말씀과 함께…

	년 월 일 (월) 본문 :
줄거리	
느낀 점	
적용하기	

	년 월 일 (화) 본문 :
줄거리	
느낀 점	
적용하기	

	년 월 일 (수) 본문 :
줄거리	
느낀 점	
적용하기	

	년 월 일 (목) 본문 :
줄거리	
느낀 점	
적용하기	

년 월 일 (금) 본문 :	
줄거리	
느낀 점	
적용하기	

년 월 일 (토) 본문 :	
줄거리	
느낀 점	
적용하기	

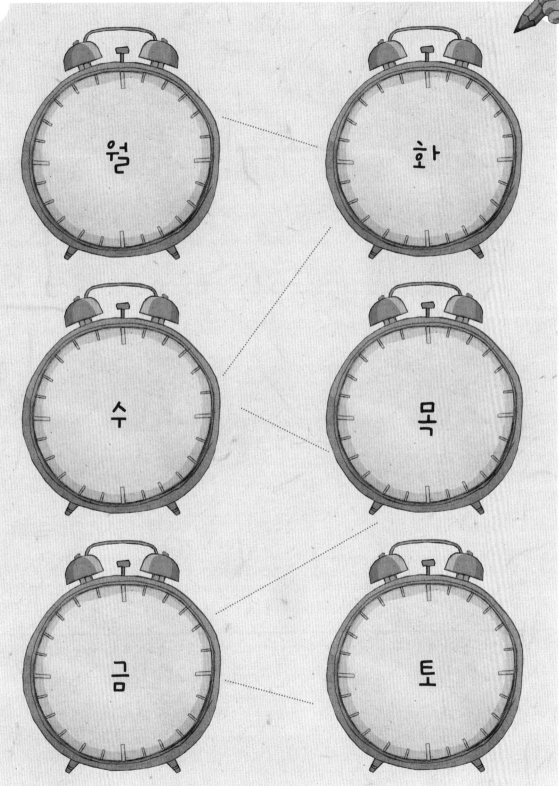

예닮학교를 위해 사용할 시간을 계획해 봐요.

● **지킨 것:** 녹색　　● **지키지 못한 것:** 빨강색　　● **취소한 것:** 노란색

"예수님이라면 어떻게 하실까?"

찰스 M. 셀던이 지은 『예수님이라면 어떻게 하실까?』라는 책을 읽고 지금까지의 삶을 반성하는 의미로 자신의 경험을 하나 예를 들면서 독후감을 써 봅시다. (출판사: 브니엘)

6과

어떻게 해야 제자로 사는 걸까요?

사도행전 2장, 데살로니가전서 1장,

이같이 너희 빛이 사람 앞에 비치게 하여 그들로 너희 착한 행실을 보고 하늘에 계 신 너희 아버지께 영광을 돌리게 하라 ▪ 마태복음 5:16

예수님께서 승천하신 이후, 사도들이 가는 곳마다, 그리고 초대교회가 각 지역에 설때마다 그 숫자에 관계없이 분명 놀라운 일들이 일어났습니다. 사회의 악하고, 어두운 것들이 물러가는 일들이 일어났죠. 우리나라에만 예수님을 믿는다는 사람의 수가 전체 인구의 4분의 1입니다. 한국에는 이렇게 많은 예수님의 제자들이 있는데 왜 사회는 더욱 어려워지고 부패해져만 갈까요? 정부의 잘못일까요? 아닙니다. 그것은 바로 우리의 잘못이요, 우리의 문제인 것입니다. 왜냐고요? 지금부터 알아 봅시다.

† 믿음에 본이 되는 예수님의 제자들

1 데살로니가전서 1장 2~10절까지 읽어 봅시다.

2 바울은 데살로니가 교회 성도들이 어떤 사람이라고 말하고 있나요?

(데살로니가전서 1:6)

3 바울은 또한 데살로니가 교회 성도들을 어떻게 칭찬하고 있나요? (데살로니가전서 1:6~7)

....

....

....

4 바울이 데살로니가 교회 성도들을 칭찬한 이유는 무엇이었나요?

(데살로니가전서 1:6)

....

....

....

† 세상에 본이 되는 예수님의 제자들

5 사도행전 2장 41~47절을 읽어 봅시다.

6 베드로의 설교로 예루살렘 교회에는 어떤 일이 일어났나요? (사도행전 2:41)

....

....

....

7 예루살렘 교회에 갑자기 사람이 삼천 명씩 늘어나자 성도들이 감당하기가 어려워졌습니다. 그래도 성도들은 당황하지 않았습니다. 어떻게 했죠?

(사도행전 2:42, 44~46)

....

....

8 그런데 신기한 일이 일어났습니다. 분명히 성도들은 교회 일에 분주했는데 성경은 예루살렘 성도들이 누구에게 칭찬을 받았다고 말씀하나요? (사도행전 2:47)

....

....

9 이 두 교회를 통해서 예수님을 믿는 사람들은 교회 성도들 뿐만 아니라 믿지 않는 사람들 사이에서도 모범이 되어 칭찬받았다는 것을 보았습니다. 이렇게 예수님을 믿는 사람들은 세상에 본이 되어야 합니다. 여러분은 어떻습니까? 여러분은 교회에서나 학교에서, 혹은 동네에서 다른 사람들에게 모범을 보이고 칭찬을 받는 사람입니까? 자기를 돌아보며 고백해 봅시다.

....

....

....

하나님은 이 세상을 창조하실 때, 하나님의 형상에 따라 흠이 없는 빛으로 창조하셨습니다. 하지만 사람들은 하나님의 바람과는 상관없이 하나님의 말씀에 불순종하여 죄를 짓게 되었고, 그 이후로 이 세상의 모든 사람들은 죄로 묶인 어두움 가운데서 살게 되었습니다. 하지만 하나님은 이 세상을 어두움 가운데 그대로 두지 않으시고 처음 만드셨던 원래대로 돌이키기 원하셔서 하나님의 아들이신 예수님을 우리에게 보내 주셨죠.

† 나를 세상의 빛으로 부르신 주님

10 예수님께서 자신을 뭐라고 말씀하셨나요? (요한복음 8:12) 이 말씀을 깊이 묵상하고 우리를 왜 부르셨는지 생각해 봅시다.

"나는 ☐☐의 ☐이니 나를 따르는 자는 ☐☐에 다니지 아니하고 ☐☐의 ☐을 얻으리라."

11 사도 요한은 하나님에 대해서 뭐라고 말씀하셨나요? (요한일서 1:5)

_____

_____

12 이렇게 하나님도 빛이시고 그 아들이신 예수님도 빛이십니다. 그렇다면 그분을 믿고 따르는 우리는 무엇일까요? (마태복음 5:14, 참조 5:13)

....

....

....

....

13 빛을 비추지 않는 빛이 있을 수 있을까요? 그것은 말도 안 되는 거짓말입니다 (요한일서 1:6~10). 그렇다면 하나님이 우리를 부르신 이유는 무엇일까요? (마태복음 5:16)

....

....

....

14 우리가 빛과 소금으로 살지 않으면 과연 어떻게 될까요? (마태복음 5:13)

....

....

....

15 우리가 빛으로 살면서 하나님께 영광을 돌리는 것이 우리가 사는 이유이며, 하나님께서 우리를 지으신 이유입니다. 더욱 중요한 것은 이 사실을 우리뿐만 아니라 세상 사람들도 다 안다는 것입니다. "예수 믿는 사람들이 뭐 저

래?" "확실히 예수 믿는 사람들은 달라!" 이런 말들을 하는 것을 보면 알 수 있습니다. 여러분은 어떻습니까? 여러분은 빛의 자녀로 살고 있습니까? 빛이 세상에 비추면 분명 어둠은 물러간다고 말씀하시는데, 이 세상이 아직 어둠 가운데 있다면 그것은 누구의 책임일까요?

†우리를 도우시는 성령님과 함께 빛으로, 소금으로!

16 우리는 분명 하나님을 믿고 예수님의 제자라고 고백까지 했는데 왜 이렇게 빛과 소금으로 살기가 어려울까요? (로마서 7:14~25)

17 그렇다면 빛과 소금으로 살기 위해 우리는 어떻게 해야 할까요?

(로마서 8:13~16, 26)

18 이제 우리는 우리가 누구이며 누구를 의지해야 하는지 알았고, 빛으로 살 준비가 된 것 같습니다. 그럼 성경은 우리에게 어떻게 살라고 말씀하시는지 적어 봅시다. (로마서 12:9~21)

....

....

....

실천하기 ┈┈ 한 주 동안 꼭 실천해요!

내가 제자답게 살지 못하게 가로 막는 사람과 일이 무엇인지 생각해 봅시다. 그리고 준비된 종이에 이제부터는 어떻게 할 것인지를 적어 봅시다.

★ 버려야 할 것

....

....

....

....

★ 실천해야 할 것

....

....

....

....

{ 기도로 여는 하나님 나라!

기도는 놀라운 것입니다. 우리의 입술에서 흘러나간 기도는 하늘에까지 날아올라 하나님의 가슴에 전달됩니다. 그러므로 이 기도는 우리의 생활 속에서 꼭 이루어지는 능력이요, 우리의 유일한 무기입니다. 참된 기도의 능력을 맛보세요.

요 일	기도 대상자	기 도 제 목
일		
월		
화		
수		
목		
금		
토		

{ 하나님과 함께 가는 길

예수님의 생각을 따라 생각하고, 예수님이 행하신 대로 행동하며, 나보다 남을 위해, 나보다 하나님의 나라를 위해, 나를 자랑하기보다 하나님의 영광을 위해 살아가는 삶을 위해 다음을 실천해 봅시다.

1 매일 시간을 정해서 하나님과 대화하기

1 나의 이번 주 기도 제목

2 내가 이번 주 고치기로 다짐한 것

3 나라와 세계를 위한 기도 제목

2 매일 성경 말씀을 읽으며 하나님의 생각과 같은 생각하기

1 설교 말씀을 통해 내가 깨달은 것?

2 하나님의 자녀로서 세상의 빛과 소금이 되기 위해 실천하기로 다짐한 것?

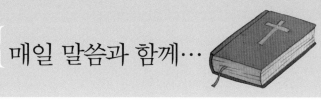

{ 매일 말씀과 함께…

	년 월 일 (월) 본문 :
줄거리	
느낀 점	
적용하기	

	년 월 일 (화) 본문 :
줄거리	
느낀 점	
적용하기	

년 월 일 (수) 본문 :	
줄거리	
느낀 점	
적용하기	

년 월 일 (목) 본문 :	
줄거리	
느낀 점	
적용하기	

년 월 일 (금) 본문 :	
줄거리	
느낀 점	
적용하기	

년 월 일 (토) 본문 :	
줄거리	
느낀 점	
적용하기	

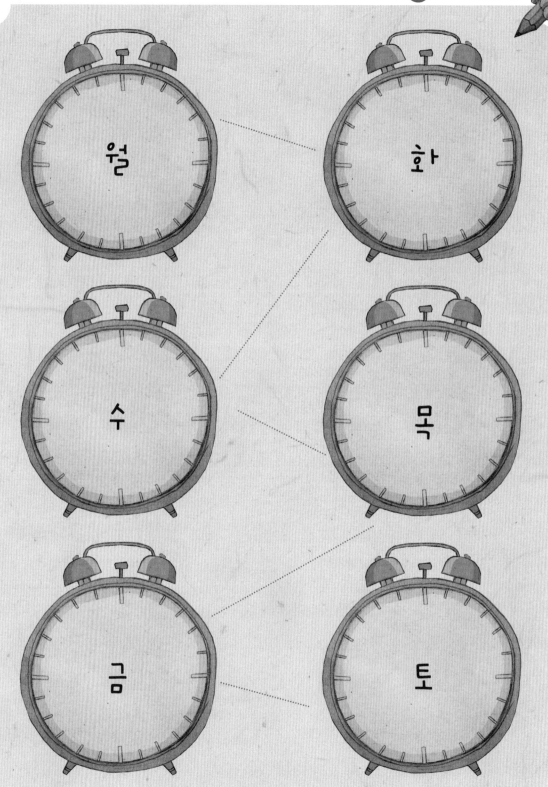

예닮학교를 위해 사용할 시간을 계획해 봐요.
● **지킨 것**: 녹색 ● **지키지 못한 것**: 빨강색 ● **취소한 것**: 노란색

"아름다운 사랑의 빛"

우리는 쉽게 예수님을 믿고 살지만 그렇게 되기까지 수많은 믿음의 조상들, 특히 목숨을 아끼지 않고 복음을 우리나라에 전하신 아름다운 순교자들의 발자취가 있었습니다. 이 발자취를 따라가기 위해 먼저 어린이를 위한 제자 이야기 제2권 『하나님이 보고 계셔요』를 읽고 아래에 나오는 순교자에 대해서 조사해 보고 이 분들의 순교에 대해 느낀 점을 적어 봅시다.(출판사: 국제제자훈련원)

1. 스데반 집사

2. 토마스 선교사

3. 주기철 목사

....

....

....

....

....

4. 느낀 점을 적어 봅시다.

....

....

....

....

....

....

....

7과

나의 꿈? 하나님의 꿈!

다니엘서

하나님이 그들에게 복을 주시며 하나님이 그들에게 이르시되 생육하고 번성하여
땅에 충만하라, 땅을 정복하라, 바다의 물고기와 하늘의 새와 땅에 움직이는 모든
생물을 다스리라 하시니라 ▪ 창세기 1:28

이제 우리가 누구인지, 어떻게 사는 것이 하나님의 뜻에 맞게 사는 것인지 배웠습니다. 또한 하나님은 우리가 그냥 하루하루 사는 것에 만족하지 않고 큰 목표를 가지고 살기를 원하십니다. 어떤 사람들에게는 큰 집에 살면서, 좋은 차를 몰고 편안하게 사는 것이 목표가 될 수 있고, 또 어떤 사람에게는 큰 권력을 가져서 나라를 호령하면서 다스리는 것이 목표가 될 수 있겠죠. 그렇다면 과연 하나님께서는 우리가 어떤 목표를 가지고 살기를 원하실까요? 편안한 미래? 행복한 삶? 풍요로운 미래? 지금부터 그분의 뜻을 알아 봅시다.

†복음의 빚진 자

1 '빚을 진다' 라는 의미가 무엇을 뜻할까요? 국어 사전을 찾아 보세요.

2 여러분은 지금까지 빚을 진 적이 있나요? 있다면 어떤 빚을 누구에게 졌는지 말해 봅시다.

빚을 지고 있는 사람이 빚을 갚지 않을 수 있는 방법이 있을까요? 아마 없을 겁니다. 빚은 꼭 갚아야 하는 것이죠. 우리는 부모님께 생명의 은혜를 입었기 때문에 부모님께 효도를 다합니다. 또한 학교 선생님께 배움의 은혜를 입었기 때문에 그 은혜에 보답하기 위해 열심히 공부하고 가르침에 합당한 사람이 되려고 노력합니다. 그런데 우리가 지금까지는 알지 못했지만 빚을 한 가지 또 지고 있답니다. 그것은 무엇일까요? 바로 하나님의 사랑의 빚, 곧 복음의 빚입니다. 우리가 어떻게 해서 복음의 빚을 지게 되었는지 알아 봅시다.

3 사도행전 6~7장의 주인공은 누구인가요? 또한 그 주인공이 어떤 일을 했으며, 어떤 일을 당했는지 알아 보세요.

....

....

4 이 일이 있은 후에 예루살렘 교회에는 어떤 일이 일어났습니까? (사도행전 8:1) 또한 그 결과는 어떻게 되었나요? (사도행전 8:4)

....

....

....

5 토마스 선교사에 대해서 조사해 온 것을 서로 이야기해 봅시다. 그리고 토마스 선교사로 인하여 우리나라가 어떤 영향을 받았는지 생각해 봅시다.

6 주기철 목사님에 대해서 조사해 온 것을 서로 이야기해 봅시다. 그리고 목사님으로 인해 우리나라의 기독교가 어떤 영향을 받았는지 생각해 봅시다.

7 그분들은 무엇 때문에 자기 생명을 아끼지 않고 이렇게 끝까지 복음을 지켰을까요? 여러분의 생각을 말해 봅시다.

만약에 그분들이 없었다면 우리는 지금 예수님을 알지도 못할 뿐더러 생명 없는 어둠 가운데서 마귀의 장난에 휘둘려 어디로 가는지, 어떻게 살아야 하는지 알지 못한 채 죽음을 향해 달려가고 있었을 겁니다. 하지만 그분들이 죽음을 각오하고 헌신하셔서 우리는 예수님을 알고 생명을 얻게 되었죠. 이것이 바로 우리가 진 복음의 빚입니다. 그러나 이 빚은 갚기 힘들 정도로 무거운 것이 결코 아닙니다. 왜 그럴까요? 그것은 바로 빛의 자녀가 된 사람들의 자연스러운 생활자세 때문입니다. 순교자들의 고귀한 헌신이 바로 우리 삶의 목표가 되기 때문입니다. 이 목표를 가지고 자신의 꿈과 미래를 설계하며 살아가는 여러분이 되어야 할 것입니다.

✝ 세상을 정복하라!

8 하나님께서는 노아에게 어떤 말씀을 주셨을까요? (창세기 9:1~2)

....

....

....

9 하나님께서 아브람을 선택하실 때, 어떤 약속을 주셨나요? (창세기 12:2~3)

....

....

....

10 하나님께서 그리심 산에서 주신 축복의 말씀은 어떤 내용인가요? (신명기 28:1)

....

....

....

11 여호수아가 모세의 후계자로 세워질 때, 하나님께서는 여호수아에게 어떤 약
    속을 주셨나요? (신명기 31:3~8)

    ....

    ....

    ....

12 다윗이 이스라엘의 왕이 되고 모든 적들을 물리쳤을 때, 하나님께서는 나단
    선지자를 통해 다윗에게 어떤 약속의 말씀을 주셨나요? (삼하 7:8~16)

    ....

    ....

    ....

13 예수님께서는 우리에게 어떤 약속의 말씀을 주셨을까요? (사도행전 1:8)

    ....

    ....

    ....

14 이처럼 성경 전체에 흐르는 중심적인 이야기에는 2가지 공통점이 있습니다.
무엇인지 말해 봅시다.

❶ ....
....

❷ ....
....

15 이 이야기는 언제부터 하나님께서 우리에게 주신 말씀일까요? (창세기 1:28)

....
....
....

16 우리가 성경말씀대로 살면서 하나님의 복을 받아 누리고, 우리를 통해서 세
상이 하나님이 보시기에 좋은 땅으로 만들어지는 것이 바로 우리를 향한 하
나님의 뜻입니다. 이 일을 위해 자기의 생명도 아끼지 않은 순교자들이 있었
던 것이죠. 이것은 단순히 전도자가 되는 일, 선교사가 하는 일을 의미하지
않습니다. 일에 관계없이 그 정신을 의미합니다. 그 정신은 어떤 것일까요?

(고린도전서 10:23~33)

....
....
....

17

우리가 왜 이런 목표를 가지고 살아야 하는지에 대해서 성경은 뭐라고 말씀하실까요?

★ 베드로전서 1:24~25

....
....

★ 요한일서 2:17

....
....

18

여러분의 꿈과 미래를 말해 봅시다. 그리고 그 꿈을 꼭 이루어야 할 이유에 대해서 말해 봅시다. 그 꿈과 미래를 위해 어떻게 살 것인지도 말해 봅시다.

....
....
....

나는 어떤 꿈을 가질 것인지 생각해 봅시다. 그리고 그 꿈이 하나님께 사용 받기 위해 내가 준비해야 할 것이 무엇인지 생각하고 적어 봅시다. 내가 버려야 할 것과 실천해야 할 것은 무엇인가요?

★ 버려야 할 것

_____

_____

_____

★ 실천해야 할 것

_____

_____

_____

과제 7
소감문 작성하기

"예닮학교를 마치면서…"

우리는 예닮학교를 통해서 새로운 친구도 알게 되고 선생님을 더욱 가까이 만나게 되었죠. 그러나 그보다 우리는 이 기간 동안 성경 말씀을 더욱 가까이 하게 되었고, 내가 어떤 사람인지, 어떻게 살아야 하는지, 그리고 앞으로 무엇을 위해 살아야 하는지를 배웠습니다. 이제 예닮학교를 마무리하는 시간입니다. 내가 이 과정을 통해서 무엇을 느꼈는지, 그리고 내가 그 전과 비교해서 어떤 점이 달라졌는지, 앞으로 어떻게 살아 갈 것인지 진지하게 생각해 봅시다.

국제제자훈련원은 건강한 교회를 꿈꾸는 목회의 동반자로서 제자 삼는 사역을 중심으로
성경적 목회 모델을 제시함으로 세계 교회를 섬기는 전문 사역 기관입니다.

어린이 제자훈련 (고학년용) 2

예닮학교 (학생용)

초판 1쇄 발행 2009년 1월 12일
초판 17쇄 발행 2023년 6월 28일

지은이 사랑의교회 어린이 주일학교
펴낸이 오정현
펴낸곳 국제제자훈련원

등록번호 제2013-000170호(2013년 9월 25일)
주소 서울시 서초구 효령로68길 98 (서초동)
전화 02-3489-4300 **팩스** 02-3489-4329
이메일 dmipress@sarang.org

ISBN 978-89-5731-341-1 03230